AF395412

FSC
www.fsc.org
MIXTO
Papel procedente de
fuentes responsables
Paper from
responsible sources
FSC® C105338

Uso del marketing viral y el uso compartido viral con bajo presupuesto

Gana nuevos círculos de clientes y una comunidad propia a través del intercambio viral de imágenes auto-creadas

Sebastian Merz

No se permite la reproducción total o parcial de esta obra, ni su incorporación a un sistema informático, ni su transmisión en cualquier forma o por cualquier medio (electrónico, mecánico, fotocopia, grabación u otros) sin autorización previa y por escrito de los titulares del copyright. La infracción de dichos derechos puede constituir un delito contra la propiedad intelectual.

© Sebastian Merz, 2020 – 2nd Edition

Impreso y editado por Books on Demand GmbH
info@bod.com.es - www.bod.com.es
Impreso en Alemania – Printed in Germany

ISBN: 978-8-4132-6808-8

Información General

Este documento y todo su contenido está protegido por la ley de derechos de autor. Todos los derechos reservados. La reimpresión o reproducción (o parte del mismo) en cualquier forma (impresión, fotocopias u otros métodos), así como el almacenamiento, proceso, duplicación y distribución por medios electrónicos en cualquier tipo de sistema, del documento completo o parte del mismo, sin autorización por escrito del autor está prohibida. Todos los derechos de la traducción están reservados.

El uso de este libro y la implementación de la información aquí presentada se hace bajo la responsabilidad del lector. El autor y quien lo publica están exentos de cualquier tipo de responsabilidad en caso de que se presenten accidentes o daños de cualquier tipo que se presenten por consejos incluidos en este libro.

El trabajo, incluyendo todo este contenido ha sido preparado con el mayor cuidado. Sin embargo, los errores en la impresión o en la información no se pueden descartar por completo. El autor y quien publica esta obra no asumen responsabilidad por la manera en que la información sea impresa, o qué tan adecuada sea. No puede haber reclamos legales de ningún tipo por información incorrecta o por las consecuencias que resulten de esta información. Los operadores de los sitios web son exclusivamente responsables por el contenido de los libros que publican.

Inhaltsverzeichnis

Introducción   **9**

Marketing viral   **14**

Por qué marketing viral   *14*

Formas de marketing viral   *18*

     Marketing viral pasivo   18

     Marketing viral activo   19

     Marketing viral orientado a la publicidad   20

     Marketing viral holístico   21

Requerimientos para el éxito del marketing viral   **23**

Medios de difusión   *24*

     Por qué no es beneficioso comprar la difusión   28

Imágenes e imaginería en el marketing viral   **32**

« Una imagen vale más que mil palabras »   *33*

     Tipos de imagines en el contexto de marketing viral   34

Sitios web online gratuitos para la creación de imagines virales   **37**

Quozio.com   *38*

Pinwords.com   42

Quotescover.com   44

Pixteller.com   51

Sugerencia   **57**

Límites y retos en el contexto del marketing viral   **58**

Introducción

Estimado lector,

Las grandes empresas ya han estado utilizando los departamentos y organismos propios con el fin de establecer y mantener una comunidad con los medios sociales. Estas logran la lealtad de sus clientes (potenciales) para su empresa o marca. El objetivo es claro: Cuando el cliente compra un producto o un servicio respectivo la próxima vez, el primero piensa en la compañía respectiva y compra en consecuencia.

Además de la adquisición y retención de clientes, en diversas empresas, los medios de comunicación social también juegan otro papel muy diferente. A través del mercadeo de los medios se obtienen encuestas y sugerencias de los clientes potenciales, servicio al cliente y apoyo, así como se proporciona la formación del cliente y se tratan las quejas.

¿Por qué todo esto? ¿No es suficiente proveer un buen producto o un buen servicio y poner la confianza en los clientes que nos colman de pedidos?

La forma en que se hacen los negocios ha cambiado gradualmente durante los últimos veinte años. La transparencia de Internet ha asegurado que un producto o servicio se pueda comprar prácticamente desde todas partes del mundo. ¿Por qué alguien debería pagar un montón de dinero por el servicio de un diseñador gráfico local si puede comprar el mismo servicio de un diseñador gráfico de otro continente (que trabaja con el mismo programa) por una fracción del costo? Una razón puede ser que el diseñador gráfico local ofrece servicios adicionales, como por ejemplo una consulta personal o un conocimiento profundo del mercado.

La cuestión se vuelve más difícil en lo que se refiere a comprar un producto. Qué razón puede haber para comprar un producto de la marca A de un distribuidor local si el mismo producto puede ser comprado a un comerciante online incl. ¿Con gastos de transporte de 10% o 20% menos? ¿Por qué el cliente compra el producto A, si el producto B tiene las mismas características, pero sólo cuesta la mitad porque el fabricante produce grandes cantidades, produce en un país con menos costes laborales o simplemente vende directamente y ofrece el margen del comercio intermediario como un descuento?

El tema central es crear una comunidad. Esto va más allá de conquistar a los clientes. Construir una comunidad es más bien asegurar a los clientes potenciales, pero también a las personas que nunca se convertirán en clientes de la compañía, con la ayuda de una visión común del mundo, valores compartidos o, simplemente, con información interesante y mensajes divertidos y de esta manera convertirlos idealmente en embajadores de la marca. Esto es mucho más fácil y más efectivo de lo que uno podría suponer.

Las compañías que construyen su estrategia en »la vida real« sobre las recomendaciones, sólo tienen éxito en casos excepcionales. Esto está relacionado con el hecho de que alguien que ha comprado el producto X no necesariamente les contará a veinte amigos sobre él y los confiará a comprar el mismo producto. La información de los que, sin embargo, ganan un nuevo seguidor, amigo o fan en los medios sociales, puede en muchos casos estar dirigido a amigos, seguidores y fans de la persona respectiva. A este efecto se le llama efecto viral. La información no sólo comienza a esparcirse linealmente de una persona a otra, sino que alcanza a una comunidad tras otra. Con eso, un simple mensaje, iniciado por una persona, puede llegar a cientos, miles o incluso millones de personas en unos pocos minutos u horas.

En este libro, daré una breve introducción sobre el tema del »marketing viral" y te familiarizare con las estrategias para el uso de imágenes e imaginería viral. Para ello, presentaré algunas herramientas online gratuitas que te permiten crear imágenes virales e imaginería viral fácilmente, por las cuales puedes haber comprado un servicio previamente. ¡Les deseo mucho éxito con su marketing!

Atentamente, Sebastian Merz

Marketing viral

El marketing viral es una forma de marketing social que se utiliza en las redes sociales con la ayuda del cual se llama la atención hacia un producto, un servicio o una campaña de una manera inusual y sutil. Numerosas plataformas, como Twitter, Facebook, Youtube, Google+, Tumblr, Flickr, Instagram, Pinterest, pero también muchas más se utilizan con este propósito.

Por qué marketing viral

A diferencia de lo convencional, en recomendaciones basadas en marketing, donde el objetivo es conseguir que las personas les digan a los demás acerca de sus experiencias positivas con un producto, el enfoque del marketing viral se centra en un público mucho más amplio. El objetivo es el crecimiento exponencial que se produce mediante el intercambio activo y pasivo de información con las redes.

En la era de los medios sociales, todos los tipos de plataformas están diseñadas de tal manera que las personas crean comunidades de amigos, fans o seguidores (dependiendo de la formulación y orientación de la plataforma). Dependiendo de la orientación de la plataforma, las publicaciones, las cuales pueden gustar a una persona, también pueden ser vistas por su comunidad. En algunas comunidades, incluso es suficiente si una persona se ha conectado a las noticias de una determinada persona como un seguidor.

El efecto se puede ilustrar mediante un sencillo ejemplo de cálculo. Supongamos que una persona tiene unos 200 amigos (en la mayoría de los casos esta es una suposición muy conservadora) en una plataforma de redes sociales en particular y que alrededor del 5% de los destinatarios de un mensaje con un buen contenido también marcan la publicación con »me gusta« y así lo redistribuyen.

Escenario	Personas alcanzadas	Personas que eligieron «me gusta»
1 (tú)	200	10
2	2'000 (adicionalmente para escenario 1)	100
3	20'000 (...)	1'000
4	200'000	10'000
5	2'000'000	100'000
etc.		

Estas cifras podrían dar una impresión del potencial del marketing viral. Por lo tanto, no es de extrañar que algunas publicaciones lleguen a cientos, miles o incluso millones de personas que marcan estas publicaciones positivamente con un »me gusta« y la difunden en un abrir y cerrar de ojos.

¿Es así de fácil...? De hecho, no lo es. Casi nadie se pasa todo el día delante de un ordenador presionando los botones »me gusta« para que cada mensaje que le llegue a él también se extienda más allá. Por lo tanto, es necesario destacarlo entre la multitud, para que sea inicialmente advertido y luego sea evaluado como interesante, divertido, importante... con el fin de difundirlo más activamente. Las publicaciones aburridas, monótonas y poco interesantes pasan a un segundo plano y logran a duras penas un »me gusta« y, por lo tanto, no se difunden más allá. Ese es el destino de un estimado de más del 90% de las publicaciones en las plataformas de medios sociales.

Formas de marketing viral

Una vez que distingues entre las diferentes formas de marketing viral. Las dos dimensiones principales que se distinguen son el nivel de actividad de la persona que propaga el contenido, y el foco del contenido.

Marketing viral pasivo

El marketing viral pasivo es el resultado de los simples beneficios de un producto. Esto puede, por ejemplo, hacerse con varias herramientas online que integran un »impulsado por XYZ« en los productos creados con ellas. Un ejemplo citado a menudo son los servicios gratuitos de correo electrónico, como Hotmail, que introdujo la inserción automática de »P. D. Consigue tu correo electrónico privado y gratuito en Hotmail «. Con ello, cada remitente que envía correos electrónicos a través de Hotmail anuncia automáticamente a la compañía. Algo similar ocurre cuando se usa software antivirus de correo electrónico, que integra en cada mensaje enviado que el mensaje enviado está libre de virus analizados por el software XYZ.

El hecho de que el remitente o el usuario, obviamente, utilizan el mismo producto actúa como una recomendación y está destinado a animar a las personas a comprar el mismo servicio.

Marketing viral activo

El marketing viral activo es más difícil. Con este, la persona que difunde el contenido está destinada a impulsar activamente la información original con »me gusta« o a compartir de forma activa la información con su red respectiva.

A diferencia del caso del marketing pasivo, el marketing viral, donde la tasa de propagación es cercana al 100%, la tasa de difusión con el marketing viral activo es significativamente menor.

Marketing viral orientado a la publicidad

El marketing viral orientado a la publicidad pone un mensaje publicitario o la publicidad de un producto o un servicio en particular en el centro. Se trata de publicidad y aumento de la popularidad del fabricante (o sus clientes).

Un ejemplo citado a menudo es una campaña, que comenzó en 2006, de un fabricante de batidoras que aplastó diferentes objetos de la vida cotidiana (pelotas de golf, teléfonos móviles, cámaras, baterías, etc.) con su producto «pulverizador» frente una cámara. Con un presupuesto de marketing mínimo, logró un incremento de ventas del 700%. El fabricante no sólo fue capaz de destacar entre la multitud de vendedores y promover su producto, sino también de posicionar su producto como especialmente potente y de alta calidad.

Marketing viral holístico

Mientras que el marketing viral orientado a la publicidad tiene su foco en poner un servicio en particular del proveedor en el centro 1, el marketing viral holístico trata sobre una identificación fundamental de una comunidad con un proveedor.

En este contexto, el marketing viral también se utiliza para otras cuestiones, tales como estudios de mercado, fijación de precios, el diseño de productos, desarrollo de productos o incluso el diseño de los esfuerzos de publicidad. Creando un proceso sostenido de interacción con la comunidad, se logra también una conexión más alta del miembro de la comunidad con la empresa, siempre y cuando se hace de la manera correcta, reflejada por la retención del cliente a largo plazo y un incremento de la tasa de recomendación y las ventas.

Requerimientos para el éxito del marketing viral

Aquellos que quieran utilizar el marketing viral como parte de su mezcla de marketing se les aconseja dar un paso aún más atrás en esta área que de lo habitual y a preguntarse hasta qué punto la información difundida es beneficiosa para el usuario.

El mensaje de que tu empresa acaba de abrir un nuevo lugar o que simplemente ha superado la marca de 10 millones de ventas, puede ser importante para ti, pero ¿quién de los que están «ahí fuera» podrían beneficiarse de la difusión de ese mensaje en su red?, e incluso si lo hiciera, ¿qué beneficios traería para ti si abriste una nueva ubicación a 1000 kilómetros de distancia de su lugar de residencia?

Las personas comparten información, si se benefician de ella o piensan que el destinatario puede obtener una ventaja. Esta ventaja puede ser financiera. Sin embargo, parece que las ofertas especiales son apenas promovidas. La ventaja mencionada se encuentra más bien en un nivel no tangible. Puede suceder que la información o las imágenes interesantes, emocionantes, divertidas o inspiradoras son ampliamente compartidas. La información que genera fuertes emociones con el lector tiene las mayores posibilidades.

Medios de difusión

La fundación para lograr una difusión se llama difundir. Se trata de ser capaz de esparcirse orientándose a la información del grupo objetivo en el futuro. Incluso el marketing viral es, de hecho, no principalmente una cuestión de cantidad, sino de calidad. Por eso, se elabora una estrategia de difusión, la que define claramente el perfil objetivo que se supone que debe ser abordado, cómo se debe proceder con él, etc. dependiendo de qué canales, medios y tipos de declaraciones se definen.

Las agencias de difusión especializadas apoyan a sus clientes con el desarrollo de una estrategia de difusión, así como con los medios de implementación. Las buenas agencias de difusión tienen un líder de opinión y tendencias para los temas de sus clientes en su red y, por lo tanto, proveen un valor añadido significativo que, sin embargo, tiene su precio.

En este libro «imaginería viral» se presenta como una forma de marketing viral. Esto tiene la ventaja de que incluso puede ser implementado para las pequeñas empresas, sin recursos especiales, pero ciertamente no representa una estrategia global que necesita una gran preocupación.

Además de los canales de marketing viral más conocidos de las redes sociales (como Twitter, Facebook, Youtube, Google+, Tumblr, Flickr, Instagram, Pinterest), también, los siguientes canales pueden ser utilizados para el marketing viral:

Remisión de correo electrónico: Para que un texto de correo electrónico sea expedido, sólo necesita ser reenviado.

Los weblogs: Colocando publicaciones de blog (pagadas) sobre un tema por varios bloggers sugiere una cierta popularidad.

Función dile a un amigo: las formas se construyen en sitios web a través de los cuales los lectores pueden recomendar respectivos mensajes a los amigos.

Peticiones online: Con «Luchando» juntos por la «causa justa», el pensamiento de comunidad se fortalece.

Contador: Los programas de bonos en los sitios web que animan al consumidor a difundir la dirección.

La inclusión de influencia: Para un líder de
  opinión sobre un tema particular pertinente
  y donde los multiplicadores disponen de una
  información «estratégica» en una etapa
  temprana. Debido a que las personas son
  capaces de comunicar las noticias con
  rapidez (forteleciendo su propia posición),
  están motivados para difundir la información
  respectiva con benevolencia.

Por qué no es beneficioso comprar la difusión

A menudo, las ofertas al azar se encuentran
en la mayoría de las bandejas de entrada,
donde los proveedores sugieren que
ofrecen miles de seguidores o re-
publicaciones de mensajes por una pequeña
cantidad. Aquellos que por el momento
luchan frenéticamente en un intento de
ganar el tercer lector habitual de su blog,
canal de redes sociales o sitio web, la idea de
tener repentinamente miles de amigos en

Facebook en lugar de dos, podría parecer algo así como el cumplimiento de sus plegarias.

Aceptar este tipo de ofertas, de hecho, no se recomienda y los hacen el pedido deben esperar que el proveedor simplemente guarde el dinero y se olvide de prestar el servicio.

Si echamos un vistazo más de cerca, esto tiene varias razones. Por un lado, permíteme preguntarte: Cuál es el beneficio que obtienes para tu bolsillo si miles de personas que reciben cualquier servicio (dinero, puntos de fidelidad, etc.) te marcan como amigo. En la mayoría de los casos, ni siquiera existen esos amigos, pero fueron «inventados» para el propósito de ofrecer tales servicios. Por lo tanto no logras una divulgación más allá.

En este contexto, a menudo escucho con frecuencia el argumento de que podría ser que alguien se dirige a tu perfil a través del perfil de dicha persona y, por tanto, se convierte en tu cliente. La experiencia demuestra que las únicas personas que miran los perfiles de «tus fans» son otras personas que también sienten por ellos y los que puede estimar a partir de su propia experiencia, cuán intensa es la lealtad de dicha persona hacia ti, tu empresa o tu producto.

Pero mucho más importante es la segunda razón por la que debes alejarte de este tipo de ofertas. Supongamos, que manejas una tienda local de bicicletas y tienes sólo dos amigos cerca de tu empresa, pero miles en otros países en los que ni siquiera estás seguro de dónde se encuentran. O si has tenido dos amigos durante mucho tiempo, entonces de repente aparecen miles de amigos dentro de pocas horas o días y luego nada ocurre. Los internautas experimentados pueden evaluar eso. De esta manera has logrado que tu exhibición externa parezca necesitada, poco profesional y en cierta forma poco fiable. ¿¡Probablemente esta no es la impresión que quieres lograr en los clientes potenciales!?

Además de todos los puntos anteriores, se puede decir que comprar me gusta o seguidores o recomendaciones también se considera una violación de la ley de competencia que puede llevar a una pena en algunos países.

Imágenes e imaginería en el marketing viral

Como ya se ha explicado, hay diferentes medios y enfoques sobre la manera de llevar a cabo campañas virales. Donde es posible crear grandes presupuestos de marketing para crear campañas con videos, encuestas y mucho más, para las empresas más pequeñas o los trabajadores autónomos que a menudo sólo tienen un pequeño presupuesto disponible para todo el marketing. No obstante: Es probable que hoy en día para la mayoría de las empresas y trabajadores autónomos que hacen publicidad y marketing en el Internet es casi una «necesidad» en casi cualquier rama.

Si se supone que se debe lograr un efecto viral, con un presupuesto pequeño es más fácil trabajar con imágenes, porque como dice el dicho: «Una imagen vale más que mil palabras».

« Una imagen vale más que mil palabras »

Mirar brevemente una foto bien elegida a menudo puede decir más sobre una situación o una oferta en particular que todo un tratado. Podemos sacar partido de esta circunstancia con el uso de imágenes y la imaginería como un medio o una campaña de marketing viral.

De lo que muchos usuarios no son conscientes es del hecho de que varios canales de medios sociales, pero también de motores de búsqueda valoran las imágenes mucho más alto que los textos simples. De este modo, los algoritmos de búsqueda toman otro paso hacia la participación de los aspectos del juicio humano y su clasificación.

Tipos de imagines en el contexto de marketing viral

Diferentes tipos de imágenes se pueden distinguir en función de su uso y su efecto en el contexto de una campaña de marketing viral:

- Retrato de la persona: puede conectar un producto o un servicio a una persona - que no es un proveedor anónimo, sino una persona que está detrás de una oferta.
- Retrato de una celebridad: Además del asunto del derecho de la imagen, está la cuestión de hasta qué punto la persona está asociado a tus servicios. Si, por ejemplo, una celebridad es un cliente habitual, puede ser útil el uso de su imagen, siempre y cuando lo permita.

- Imágenes del producto: Las imágenes simples de productos son aburridas. ¿¡Querrías compartir la imagen de una batidora o una cafetera con tus amigos!? Si logras que tu imagen no se vea aburrida, tiene potencial.

- Las imágenes con texto: Una posibilidad es enriquecer un texto con la ayuda de un fondo, un estilo de letra, etc. Mejora la declaración textual y llama la atención. El efecto depende del público objetivo y su contenido. Las citas generales pueden ser agradables y también ser compartidas con los demás, pero el éxito es probable que permanezca bajo debido a que no tiene conexión contigo. Si se trata, por ejemplo, sobre una declaración sobre ti o sobre tu cliente, el efecto puede variar.

- Fotos simbólicas y fotos atmosféricas: Agradable, pero sólo si logras votos para conectarlo a tu producto y para connotarlo positivamente. Si tú, por ejemplo, produces un coche con emisiones de escape extremadamente bajas, una serie de imágenes de la naturaleza pueden ser expresivas (que también tienen que estar conectadas). Si tú, sin embargo, provees servicios de contabilidad, probablemente podría ser más difícil crear un vínculo con una connotación positiva.

Sitios web online gratuitos para la creación de imagines virales

Las imágenes, como ya se ha mostrado, son un medio excelente para transmitir información y opiniones de forma rápida y sencilla. La desventaja es que las imágenes provocan asociaciones completamente diferentes con las personas, dependiendo de sus antecedentes culturales, clase social, nivel de educación, características ideológicas, edad, genero, estado de salud, etc. Por esta razón, se ha demostrado que añadir textos a las imágenes utilizadas en el marketing viral es efectivo. En lo que sigue, se presentan algunas herramientas con las que incluso un aficionado puede utilizar imágenes para las publicaciones en los medios sociales, pero también para propósitos de encabezado, cubierta o fondo de pantalla para diferentes propósitos.

Quozio.com

Probablemente la más fácil de las cuatro plataformas introducidas es Quozio.com. Pero ésta se distingue con una función muy especial - Bookmarklet.

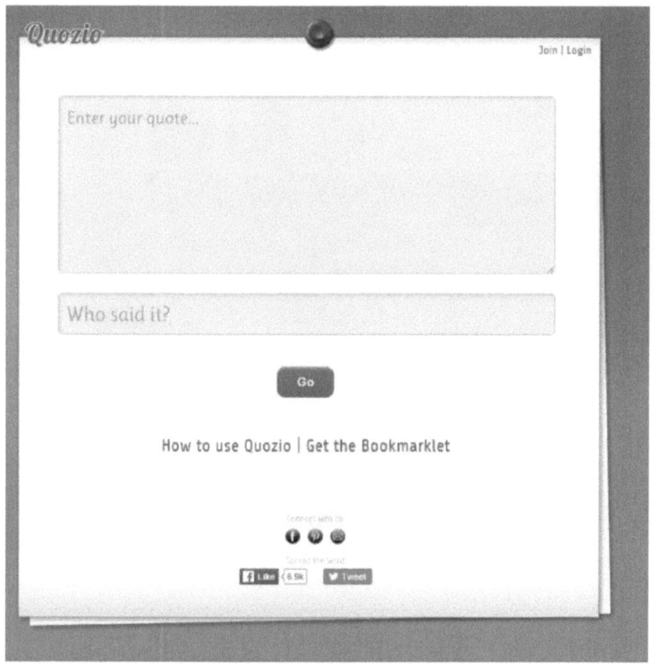

Después de haber introducido la cita y el autor de la cita, se puede generar una imagen correspondiente. Las diferentes plantillas se pueden seleccionar haciendo clic. Aquellos que se registran en el portal también pueden salvar sus citas allí.

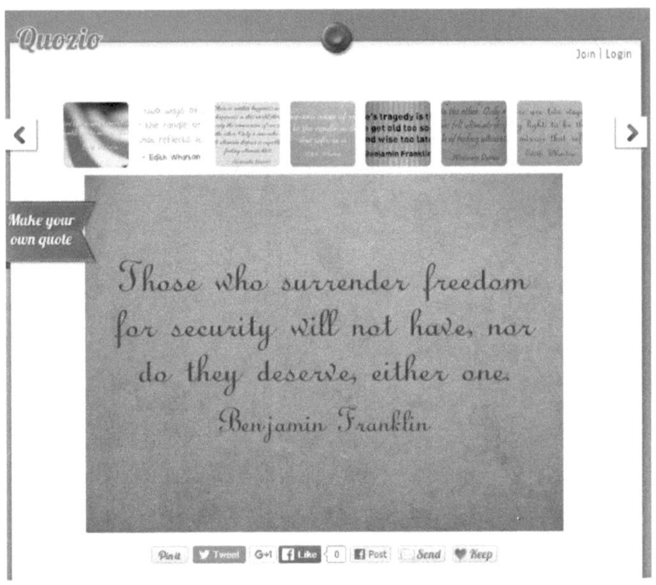

La imagen puede ser publicada directamente haciendo clic en los botones de abajo o se pueden guardar con el clic derecho del ratón.

Una característica especial es Bookmarlet. Se puede seleccionar en la página principal haciendo clic en «Obtener bookmarklet». El botón de la función correspondiente, posteriormente, se puede integrar en el navegador y las citas seleccionadas pueden, por lo tanto, convertirse en imágenes decorativas de la misma.

Las funciones del sitio web son sin duda bastante limitadas, pero aun así son bastante agradables y de vez en cuando se pueden utilizar como diversión.

Pinwords.com

Un paso más allá va Pinwords.com.

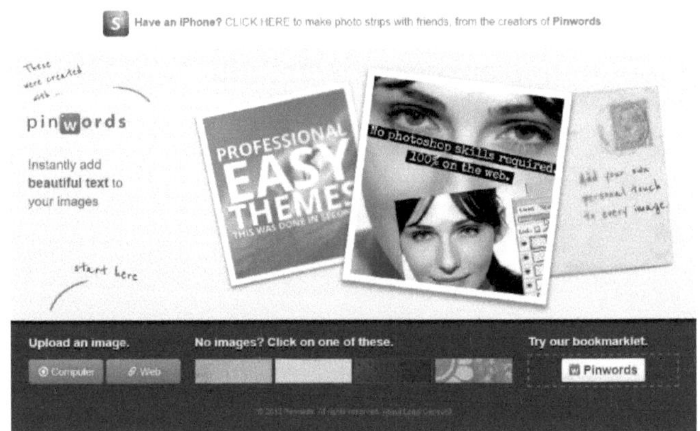

Se pueden subir imagines de fondo propias

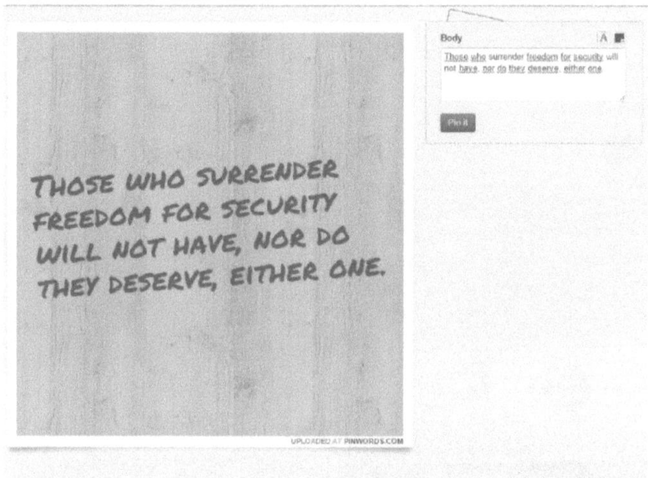

El operador mismo, sin embargo, escribe en su página web: "Este es un proyecto de entretenimiento y se considera muy" beta "». Por favor, ayúdenme a mejorar el sitio enviando sus comentarios y cualquier error que encuentren a hello@pinwords.com ». Es, por lo tanto, necesario usar lo que es posible y de otra manera no molestarse.

Quotescover.com

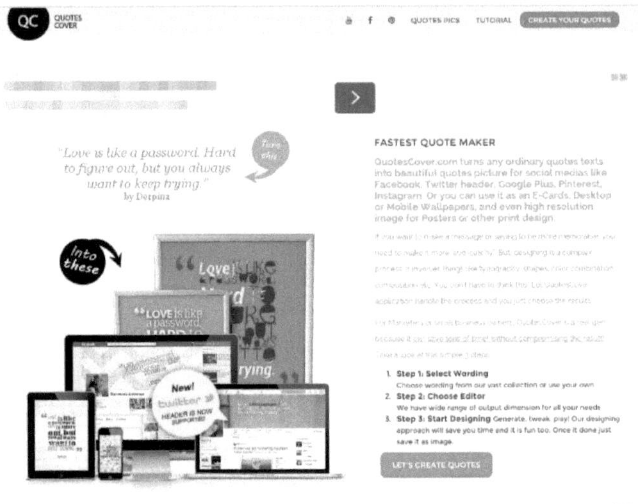

Una funcionalidad muchos más extensa y con plantillas y opciones más profesionales se provee en el siguiente sitio web. Quotescover.com anuncia en su sitio web que es recomendado por algunos sitios web conocidos:

El sitio web también hace una impresión muy profesional que también se muestra con sus dos videos tutoriales para lograr resultados profesionales:

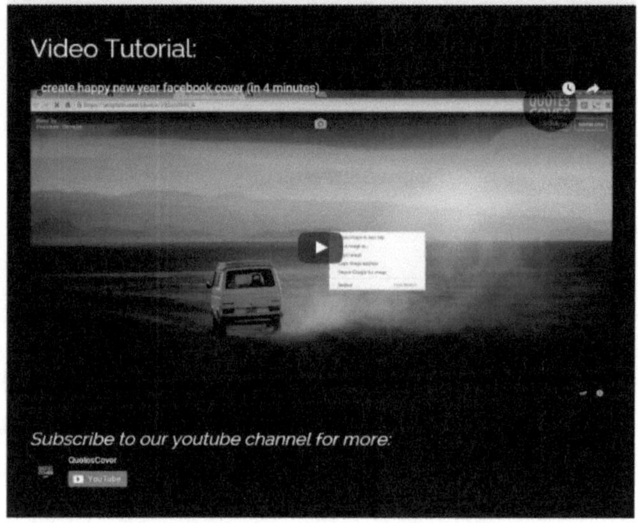

Trabajar con esta página web se basa en tres pasos. En un primer momento, se elige o bien una cita disponible o un texto propio.

STEP 1: CHOOSE WORDING

You may either choose from our extensive wording collection or use your own wording below.

#1. SELECT FROM WORDING COLLECTION

Quotes   Ancient Proverbs   Inspirational Lines

" What sense of superiority it gives one to escape reading some book which everyone else is reading. " — Alice James

NEXT STEP ›

" The life of every man is a diary in which he means to write one story, and writes another, and his humblest hour is when he compares the volume as it is with what he vowed to make it. " — J.M. Barrie

NEXT STEP ›

" If we are to keep our democracy, there must be one commandment: Thou shalt not ration justice. " — Learned Hand

NEXT STEP ›

#2. CUSTOM WORDING:

Use the form below if you would like to make your own quote.

Insert wording.

adding asterisk mark (*) before a word (e.g. *mind* is *money*) will make it rendered differently. Try it!

Wording

Author Name

Author Name

NEXT STEP

Después de eso, se elige la plataforma de objetivo, en la que se supone que la imagen va ser publicada. Cuando una plataforma acepta diferentes formatos, un campo adicional aparece, en el que se puede especificar con más detalle.

Si la plataforma objetivo deseada no aparece, «para Impresiones» es una buena opción porque allí tienes una amplia gama de formatos y resoluciones:

Prints Resolution Output
Please Select yur print dimension

POSTER

- 8.5" x 11" @ 300 dpi
- 11" x 17" @ 150 dpi
- 18" x 24" @ 150 dpi
- 24" x 36" @ 96 dpi

GREETING CARDS

- 5" x 7" @ 300 dpi
- 7" x 5" @ 300 dpi

BUSINESS CARDS

- USA 2" x 3.5" @ 300 dpi
- USA 3.5" x 2" @ 300 dpi
- Europe 2.165" x 3.346" @ 300 dpi
- Europe 3.346" x 2.165" @ 300 dpi
- Yongo 2.165" x 3.582" @ 300 dpi
- Yongo 3.582" x 2.165" @ 300 dpi

STANDARD PAPER

- **Letter:** 11" x 8.5" @ 300 dpi | 8.5" x 11" @ 300 dpi
- **Tabloid:** 11 x 17 @ 150 dpi | 17 x 11 @ 150 dpi
- **Legal:** 14" x 8.5" @ 300 dpi | 8.5" x 14" @ 300 dpi
- **A5:** 5.8 x 8.3 @ 300 dpi | 8.3 x 5.8 @ 300 dpi
- **A4:** 11.7 x 8.3 @ 300 dpi | 8.3 x 11.7 @ 300 dpi
- **A3:** 16.5 x 11.7 @ 150 dpi | 11.7 x 16.5 @ 150 dpi

En el tercer paso del editor, la imagen se puede ajustar de diferentes formas. Vale la pena trastearlo un poco y ver lo que se ajusta.

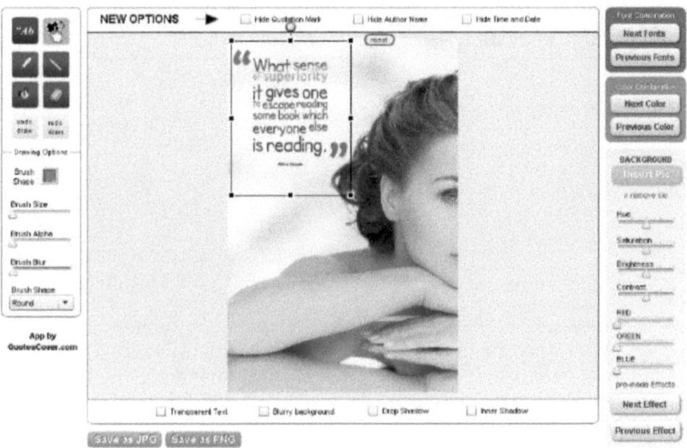

Una característica especial en el editor de texto es la posibilidad de marcar las palabras individuales con un * y, por lo tanto, enfatizar la presentación.

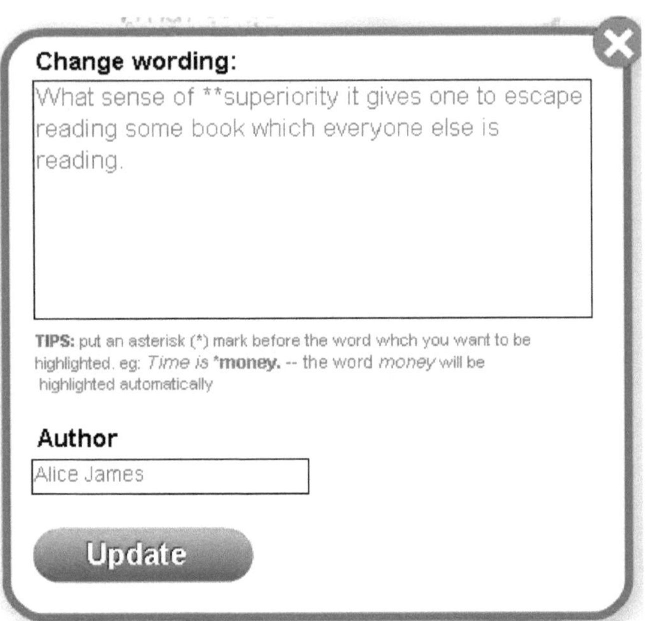

Las imágenes que se crean de esta manera se pueden descargar en formato PNG- o formato JPG y usarlas desde allí. Una carga directa a las plataformas, hasta ahora, (aún) no es posible.

Pixteller.com

Un enfoque totalmente diferente se elige en
Pixteller.com:

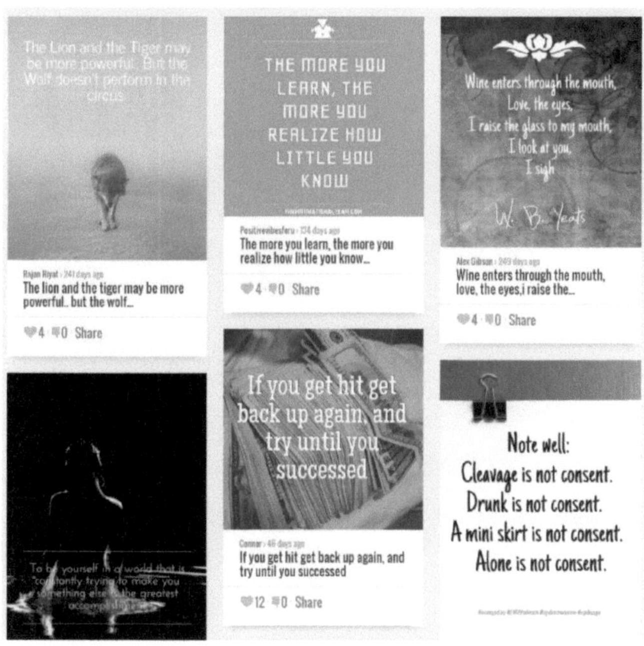

Cuando haces clic en el botón crear, puedes
ver una selección de los formatos que están
disponibles por el momento, lo que puede,

sin embargo, ser ajustado. Es importante saber que las imágenes que son creadas por visitantes anónimos (no registrados) se etiquetan con una marca de agua. Vale la pena registrarse de forma gratuita.

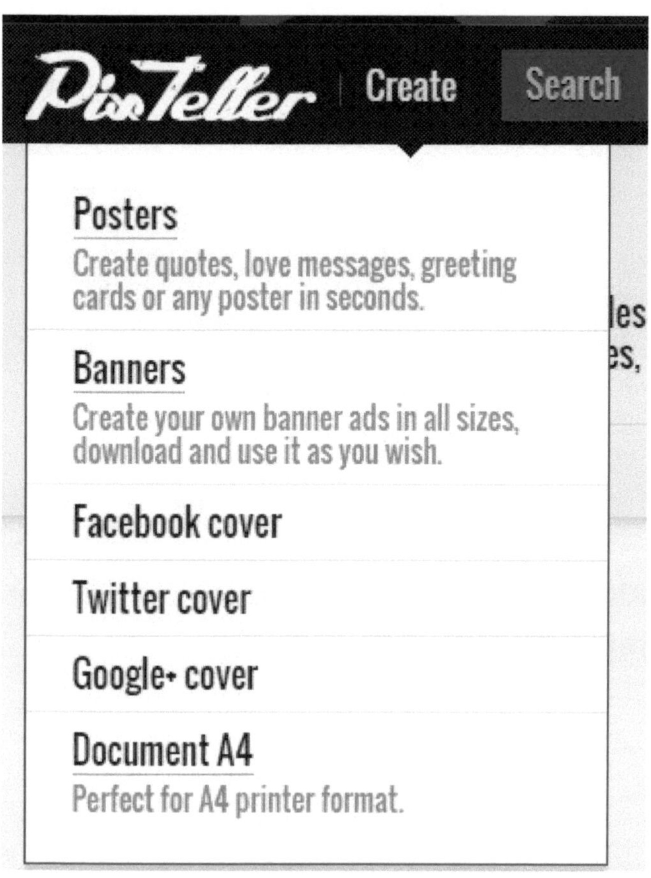

También lo especial es, que existe la posibilidad de crear banners profesionales.

También existe la posibilidad de comenzar con una plantilla en blanco. Por eso, el botón «crear desde cero» se selecciona.

Alternativamente, cada plantilla puede ser rePixed.

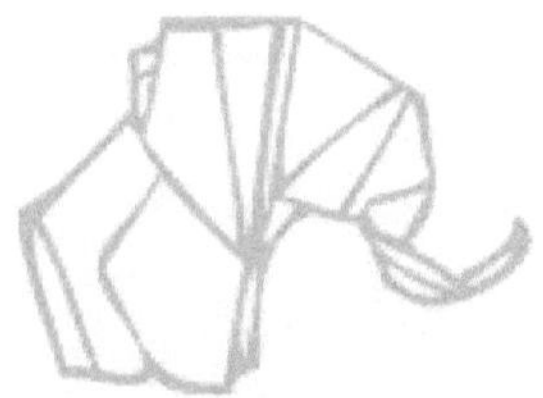

You may only succeed
if you desire
succeeding; you may
only fail if you do not
mind failing

Philippos

Quote poster template
You may only succeed if you desire succeeding; you may only...

♥10 · 👎0 · Share · Download

RePix

Create similar design

Para ello, el banner es abierto y ajustado allí:

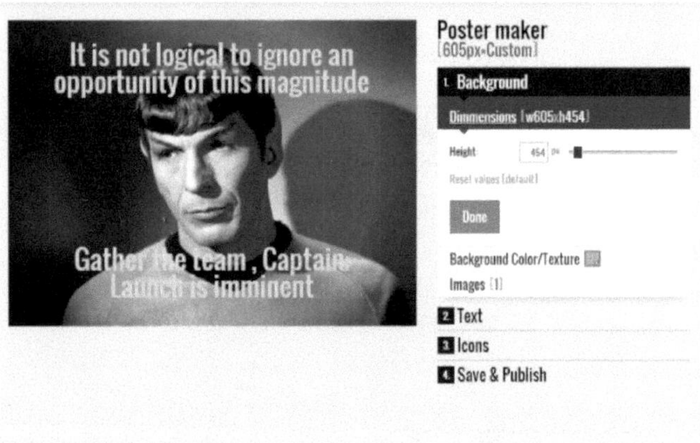

El resultado puede ser descargado o publicado. Por otra parte, la plataforma también ofrece una selección de imágenes creadas allí en la primera página a las que se les puede dar «me gusta» o difundirlas más adelante.

Sugerencia

Es obvio: que las herramientas en línea ofrecen bastante, pero no sustituyen a un diseñador gráfico profesional. Yo, sin embargo, con frecuencia he notado que muchos proveedores en línea de bajo coste también utilizan estas herramientas y luego venden los resultados. Aquellos que gustan de lo que puede lograrse en dichas plataformas, pueden expresar su creatividad y ahorrar su presupuesto de marketing para los servicios de «auténticos profesionales».

Límites y retos en el contexto del marketing viral

A pesar de todo el entusiasmo, que se muestra hacia el marketing viral en Internet, también, se deben mencionar algunos aspectos críticos:

- Sólo porque alguien comparte tus esfuerzos de promoción, no significa que él o ella también es o será (alguna vez) tu cliente. Si el marketing viral no llega a despertar la necesidad de convertirlos en tu cliente de cualquier manera, incluso la mejor campaña es inútil.
- Medir el éxito sólo es posible de una manera limitada. Las herramientas especializadas a menudo cuestan mucho dinero y no son igualmente adecuadas para todos los medios.

- Los que difunden ampliamente un mensaje también pueden comentar o ajustarlos de cualquier manera. Tienes, por así decirlo, que abrir la caja de Pandora y no tienes control sobre lo que sucederá con el contenido. Un reenvío de un mensaje de tu empresa con «Nunca voy a comprar allí de nuevo - el servicio al cliente muy desagradable y de mala calidad» realmente no te ayudará.

- El marketing viral necesita tiempo. Los que de forma habitual tienen que hacerlo por su cuenta, en la mayoría de los casos esperan mucho tiempo para ver el verdadero éxito. Las alternativas son profesionales, por lo general las medidas de difusión de costo intensivo como la participación directa de las personas, tienen una determinada posición en el público objetivo.

●